Pa dëgjo
Listen, Listen

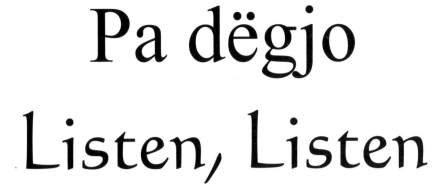

written by Phillis Gershator
illustrated by Alison Jay

Albanian translation by Viola Baynes

Pa dëgjo... ç'zhurmë është kjo? Insektet po këndojnë ngado.

Listen, listen ... what's that sound? Insects singing all around!

Pëz, pëz, fërr, fërr, bëz, bëz, tërr, tërr.

Chirp, chirp, churr, churr, buzz, buzz, whirr whirr.

Hamakët koloviten, gjethet frushullojnë. Pllaq, plluq, fëmijët lodrojnë.

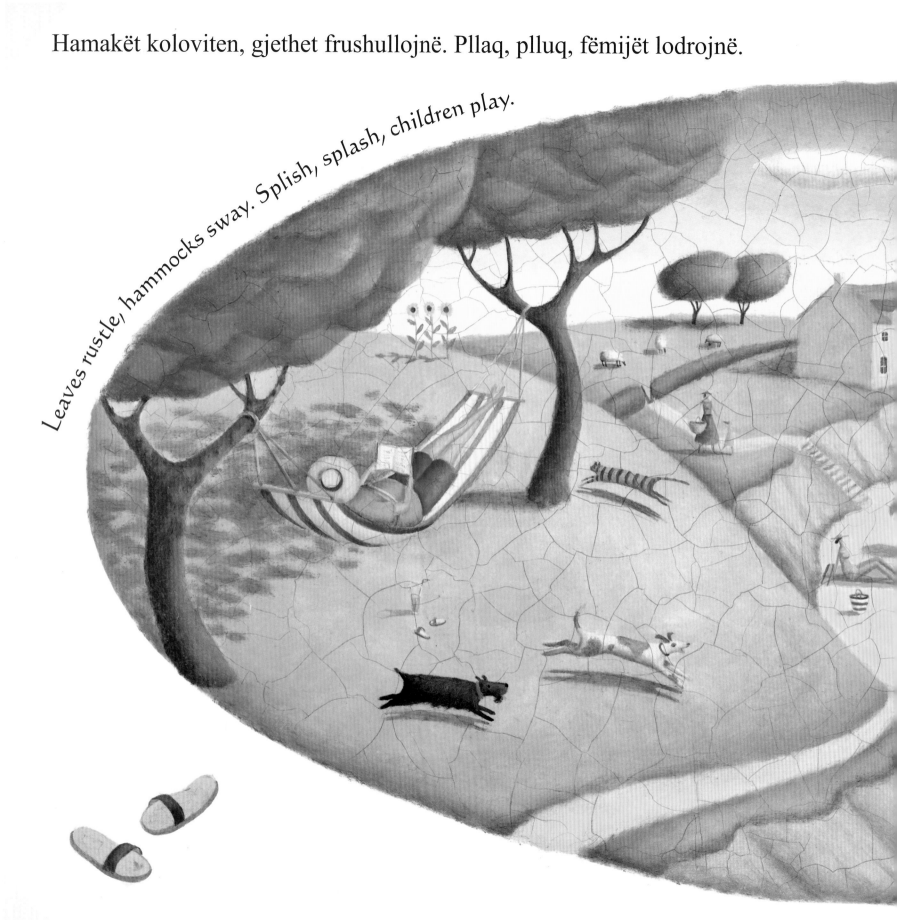

Leaves rustle, hammocks sway. Splish, splash, children play.

Retë enden tutje, qentë rendin ngado. Diell veror, nxeh e përvëlo.

Clouds drift, dogs run. Sizzle, sizzle, summer sun.

Pa dëgjo... vera na mbaroi. Insekte mirupafshim, vjeshta na afroi.

Listen, listen ... summer's gone.
Good-bye insects, autumn's come.

Pllum, pllum, lendet rrëzohen. Hop, hop, ketrat nxitohen.

Plop, plop, acorns drop.
Hurry, scurry, squirrels hop.

Kungujt pjekur bukuri. Mollët, misrat – mblidhi ti.

Pumpkins ripen, quick, quick. Apples, corn - pick, pick.

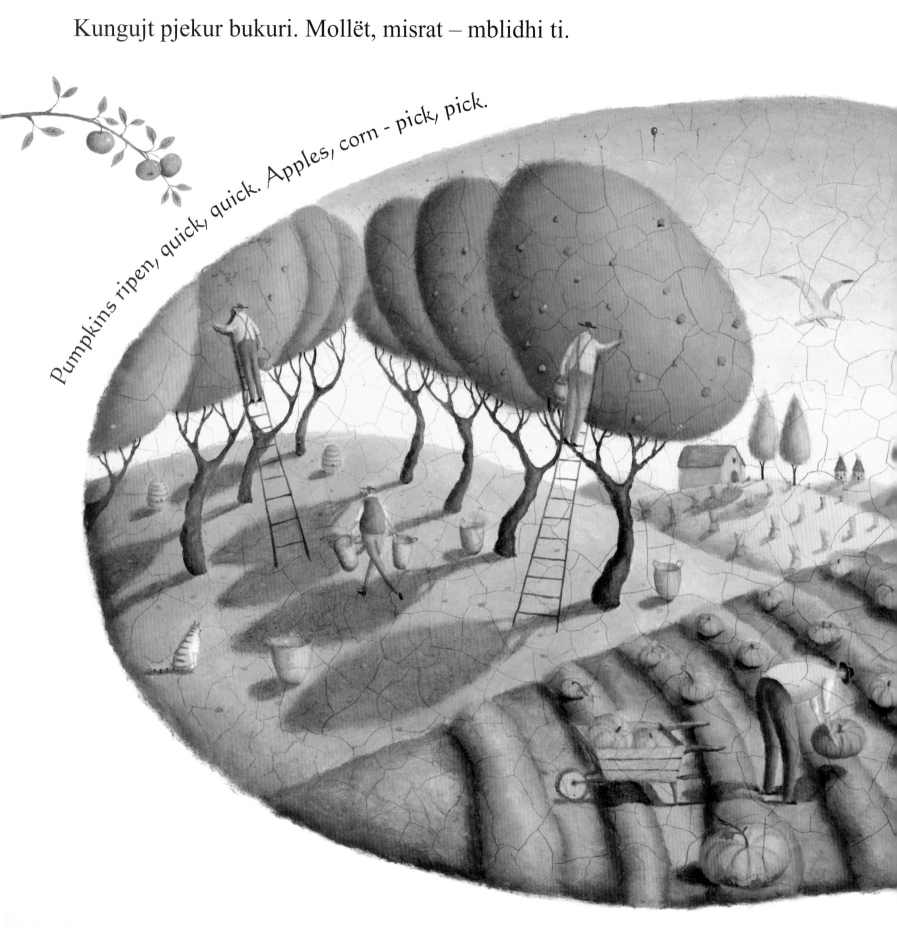

Shkrap, shkrup, njerëzit ecin. Kra, kra, pulëbardhat këlthisin.

Crunch, crunch, people walk. Aak, aak, seagulls squawk.

Patat thërrasin, ga, ga. Gjethet përtokë bien, fësh, fësh.

Honk, honk, geese call. Swish, swish, leaves fall.

Fiu, fiu, kapelet fluturojnë. Uhuu, uhuu, bufët buhurojnë.

Whoosh, whoosh, hats fly. Whoo, whoo, owls cry.

Pa dëgjo... vjeshta na ka ikur.
"Dimri është qejf", thonë flokët e borës duke pëshpëritur.

Listen, listen ... autumn's gone. Snowflakes whisper, "Winter's fun."

Shsh, shsh, natë me dëborë.
Dëbora xixëllon e shndritshëm zbardhon.

Shhh, shhh, snowy night. Snow sparkles, white, bright.

Kërc, kërc, çizmet në dëborë. Të rriturit marrin lopatat, fëmijët me gaz lodrojnë.

Crunch, crunch, boots clomp. Grown-ups shovel, children romp.

Patinatorët rrotullohen, skiatorët shkasin vrik. Vëzh, viu, fësht, me vërtik.

Skaters spin, skiers glide. Zip, zoom, slip, slide.

Bërr, bërr, të ngrohemi vemë. Pa shiko si qirinjtë shkëlqejnë.

Brrr, brrr, warm-up time. Ooh, aah, candles shine.

Përr, përr, macet vështrojnë. Bubulake zjarret, digjen, brambullojnë.

Purr, purr, cats gaze. Crackle, crackle, fires blaze.

Pa dëgjo... iku dimri. Vërshëllejnë trishtilat, "Ja na doli dielli!"

Listen, listen ... winter's gone. Finches whistle, "Here's the sun!"

Paf, puf, filizat përshëndesin. Gjethet rriten dhe lulet buisin.

Pop, pop, bulbs sprout. Leaves grow, flowers shout.

Krak, krak, të vegjëlit çelin. Gërsh, gërsh, zoçkat gërvishtin.

Crick, crack, babies hatch. Peep, peep, chickens scratch.

Kuakin bretkosat, rikat gagarisin. Krrap, krrup, lepurushat përtypin.

Frogs croak, ducklings quack. Munch, munch, rabbits snack.

Pika, pika, bie shiu. Trumcakët mblidhen, ciu, ciu.

Rains fall, pitter, patter. Sparrows gather, chitter, chatter.

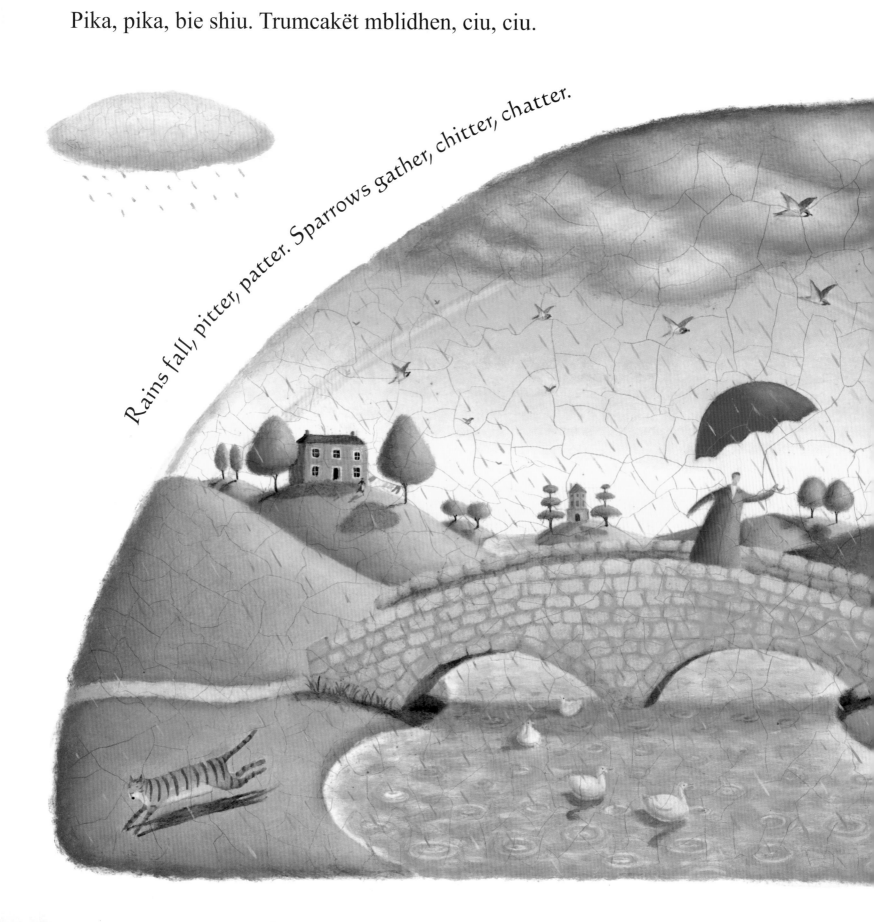

Pa dëgjo... pranvera ka ikur. Një stinë e re na ka mbërritur.

Listen, listen ... spring is gone. Another season has begun.

Lart në ajër dhe në tokë, natë e ditë – ç'zhurmë është kjo?

In the air, on the ground, night and day - what's that sound?

Pa dëgjo... pas pranverës, vera vjen dhe...

Listen, listen ... after spring, summer comes and ...

Insektet këndojnë!

Insects sing!

Pëz, pëz, fërr, fërr, bëz, bëz, tërr, tërr.

Chirp, chirp, churr, churr, buzz, buzz, whirr, whirr.

a cricket

a beetle

a butterfly

a sunflower

a mosquito

a daisy

a dragonfly

a bee

a grasshopper

a leaf?

In the autumn, can you see

an owl

a goose

an acorn

an apple

a squirrel

a stalk of wheat

a pumpkin

an ear of corn

a seagull

a leaf?

In the winter, can you see

a mouse

a crow

a paw print

a starling

an icicle

a holly berry

a snowflake

a leaf?

a sprig of mistletoe

In the spring, can you see

a tulip

a daffodil

a bluebell

a sparrow

a rainbow

a rabbit

a frog

a duckling

a chick

a leaf?

What sounds do these animals make?

Information

Rhyme